Handbuch für Politik und Geldwesen

I0464017

HUMANES GELD

Der Mensch ist es wert, etwas wert zu sein

WALTER PANHUBER

INHALT

Vorwort

Das humane Geldsystem ist sehr einfach. Mit einer durchschnittlichen Schulbildung dürfte jeder Mensch in der Lage sein, dieses System zu verstehen. Darum genügen auch ein paar Seiten dieses Buches um das humane Geldsystem zu beschreiben.

Der Rest des Buches befasst sich mit der Geschichte und den Hintergründen des Geldwesens. Für alle, die sich ein Bild über die Notwendigkeit zur Einführung des humanen Geldes machen wollen.

Im Grunde ist das alte System auch nicht undurchschaubar, es ist jedoch unkontrollierbar. Durch das große Leid, das es verursacht hat, ist es jedoch in einer Weise belastet, die bereits einen religiösen Charakter aufweist.

Der Satz „*Es gibt keinen Fortschritt, ohne Wirtschaftswachstum*" ist in dieser Pseudoreligion das Grunddogma. Wenn man dieses Dogma etwas genauer betrachtet, wird auch schnell klar, warum das so ist.

Zuerst muss man folgendes wissen: Im Geldsystem des Jahres 2012 entsteht Geld, indem sich jemand etwas ausleiht. Der Schuldschein für das Geliehene, das ist Geld. Wenn theoretisch alle Schulden zurückbezahlt würden, gäbe es kein Geld mehr. Das ist zwar vereinfacht und klingt etwas paradox, trotzdem ist die Aussage richtig.

Das erwähnte Dogma ist entstanden, weil dieses System, in seiner heutigen Form, zusammenbricht, wenn weniger Schulden gemacht werden, als zurückbezahlt werden. Wer dies verstanden hat, der kennt auch das gesamte System.

Geldschöpfung durch Schulden ist nicht die einzige Unzulänglichkeit in unserer modernen Wirtschaftsordnung, aber einer der zentralen Schwächen und der Hauptanlass für Krisen der Vergangenheit. Die oft vertretene Meinung, die Zinsen und Zinseszinsen wären an allem Schuld ist falsch. Zinsen sind oft ungerecht, sie schöpfen jedoch kein Geld, wie oft behauptet wird, denn Zinsen werden mit vorhandenem Geld bezahlt. Zinsen schichten Geld nur um, und zwar von den ärmeren Schichten zu den reichen.

Hoffentlich gelingt es irgendwann, den Rhythmus der Finanzkrisen zu durchbrechen und das damit verbundene Leid zu beenden.

Das humane Geldsystem bietet eine Anleitung für diesen Schritt.

1. Die Geschichte des Geldwesens

Jeder der sich schon etwas mit Nationalökonomie beschäftigt hat, kennt die zwei unterschiedlichen Konzeptionen, die schon über Jahrhunderte im Widerstreit stehen. Man nennt sie Currency-Theorie und Banking-Theorie.

Das humane Geldsystem benutzt die Currency-Theorie als Grundlage. Diese Theorie erlaubt nur dem Staat die Geldschöpfung. Die Kontrolle über die Geldmenge obliegt ebenfalls einer staatlichen Zentralbank. Der wichtigste Vertreter dieser Theorie in der jüngeren Geschichte ist John Maynard Keynes.

Die Banking-Theorie hat ebenfalls einen namhaften Vertreter, er heißt Friedrich von Hayek. Sie setzt auf Geldschöpfung durch private Banken. Nur eine so genannte Mindestreserve muss bei der Kreditvergabe durch Kapital gedeckt sein, der Rest ist neue Geldschöpfung. Die radikalste Form der Banking-Theorie mündet in der Behauptung: „Geld ist Privatsache."

Grundsätzlich würden beide Systeme funktionieren, der Grund, warum auf Dauer nur das Currency-Modell funktioniert ist relativ einfach. Die Banking-Theorie vertraut darauf, dass die Banken nur Geld schöpfen, das reale Güter repräsentiert. Dies ist eine Illusion, wie die Praxis beweist. Es funktioniert nur in der Theorie, wo sich alle an die Regeln der Erfinder halten.

In der Praxis wurden in der Vergangenheit immer Mischformen beider Theorien umgesetzt. Die Oberhand hatte jedoch meist die Banking-Theorie. Zu den großen Katastrophen führten jedoch Entscheidungen, die mit den Unterschieden der beiden Theorien gar nichts zu tun hatten.

Besonders den haarsträubenden Fehleinschätzungen von Hayek war zu verdanken, dass die europäische Wirtschaft nach dem 1.Weltkrieg derart einbrach.

Vor allem die Beschränkung der Geldmenge durch die Goldbindung war einer der Gründe für den Zusammenbruch.

Im Jahr 1930 wäre durch eine Erhöhung der Geldmenge bei gleichzeitiger Stärkung der Kaufkraft ein Erstarken der deutschen Wirtschaft möglich gewesen. Genau das haben einige Jahre später die Nationalsozialisten gemacht.

Hayek war damit der Wegbereiter für die Machtübernahme durch die Faschisten in ganz Europa. Umso unverständlicher ist die Tatsache, dass er nach dem 2.Weltkrieg wieder einer der führenden Ökonomen wurde.

Bis 1933 hatte Keynes alle wesentlichen Werke veröffentlicht, die die Unsinnigkeiten von Hayek's Entwürfen entlarvten. Sowohl Hitler in Deutschland, als auch Roosevelt in den USA nutzten das Wissen von Keynes. Beide Volkswirtschaften erholten sich. Doch Roosevelt hatte viel Widerstand, es gelang im lediglich die Arbeitslosigkeit von 25% im Jahr 1933 auf 18% zum Beginn des 2.Weltkrieges zu reduzieren.

In Deutschland wurden vor allem die Ideen des jüdischen Ökonomen Friedländer-Prechtl umgesetzt, was bereits nach kurzer Zeit zur Vollbeschäftigung im deutschen Reich führte.

Sowohl Roosevelt als auch Hitler schafften die Beschränkung durch die Goldbindung ab. Die deutsche Vorgehensweise war jedoch viel effektiver als die amerikanische, Deutschland wurde in sehr kurzer Zeit die stärkste Volkswirtschaft auf der Erde. Jedoch nicht durch Erhöhung der Löhne, sondern durch rasanten Ausbau der Schwerindustrie zum Zweck der Aufrüstung des Militärs.

Noch vor Ende des Krieges wurde 1944 in Bretton Woods ein Weltwährungsabkommen beschlossen. Dieses System wurde von Keynes entwickelt und wäre durchaus geeignet gewesen, auf Dauer zu funktionieren.

Das System von Bretton Woods legte den US-Dollar und das britische Pfund als Leitwährungen fest. Alle anderen Währungen wurden, mit geringer Schwankungsbreite, an diese beiden Währungen gebunden. Es bestand zwar eine Goldparität, die

Geldmenge wurde jedoch nicht durch Goldmengen beschränkt.

Leider wurden die Regeln nicht zwingend festgelegt, die einzelnen Staaten hatten die Möglichkeit, das System zu torpedieren, entweder aus Dummheit oder anderen Gründen.

Dieses System hätte, mit einigen Anpassungen nach Beseitigung der Kriegsschäden, durchaus bis heute funktioniert, wenn nicht wieder Leute wie Hayek die Oberhand bekommen hätten. Es waren sicherlich auch gewisse Machtinteressen, die kein Interesse an einem harmonischen System haben, die zum Zusammenbruch geführt haben. Auf jeden Fall musste das Pfund 1967 abwerten und schied als Leitwährung aus. Der Grund für diese Entwicklung waren massive Aufkäufe von Pfund, Dollar und Gold von den anderen Teilnehmern, was völlig kontraproduktiv für den Bestand des Systems war. Mehr und mehr wurde das System auch umgestellt, Geld wurde damit mehr und mehr zur Privatsache, genau wie das die neoliberalen Anhänger der Banking-Theorie immer wieder forderten.

Nach dem Pfund kam dann natürlich auch der Dollar unter Druck. Die meisten Ökonomen und Politiker begriffen nicht, dass sie selbst an dieser Entwicklung Schuld waren, sie beschuldigten sogar die USA mit abstrusen Vorwürfen, in völliger Verkennung der

Tatsachen. Keynes selbst war leider 1946 verstorben, sodass er sein System nicht mehr überwachen und erklären konnte.

Schon 1950 bekamen die Neoliberalen und Anhänger der Golddeckung wieder Aufwind. Die völlig verblödete Lehre von Wilhelm Röpke wurde mehr und mehr als Entscheidungsgrundlage herangezogen.

1972 kauften die Europäer tonnenweise Gold in England und den USA. Noch 2012 lagert dieses Gold in diesen Ländern, gehört jedoch den Festlandeuropäern. Jedoch schon vorher, bereits 1971 war das Abkommen von Bretton Woods praktisch beendet, denn der Dollar wertete gegenüber Gold ab. Daraufhin übernahm der freie Markt mehr und mehr die Macht über die Währungen, die Devisenspekulation begann wild zu wuchern.

Danach begannen die Staaten, unter völliger Verkennung des Deficit-spendung von Keynes, eine Schuldenspirale in Gang zu setzen. Dabei offenbarte sich wieder einmal die Schwäche der Banking-Theorie. Einmal erzeugtes Geld, das keinen realen Hintergrund hat, zwingt zu immer höheren Schulden, es entsteht eine progressive Kurve. Diese Schuldenkurve geht 2012 in den USA beinahe senkrecht in die Höhe.

Die Geldgeber für diese Schulden sind die Anleger. Das heißt, die Oberschicht auf dem Planeten Erde. Durch die Zinsgewinne wurden und werden sie noch reicher. Gleichzeitig senkten die neoliberalen Politiker, als erste Margaret Thatcher in England, die Steuern für Reiche. Angeblich würde das eine Steigerung des Wirtschaftswachstums bewirken, was völliger Unsinn ist.

Im Jahr 2012 besitzen die reichsten 10% der Erde bereits 89% der gesamten Vermögenswerte. Sogar dem schwachsinnigsten Ökonomen müsste nun klar sein, dass nur ein Abschöpfen der Vermögen der oberen 10% eine Lösung herbeiführen kann. Sogar Milliardäre, wie Warren Buffett, fordern diesen Schritt, denn alles andere führt unausweichlich ins Elend.

2. Humanes Geld

Das System basiert auf mehreren Automatismen. Diese Regelkreise erzeugen in erster Linie stabile Preise, Inflation gibt es keine mehr. Weiters wird eine schwankende Mindestsicherung und ein daran geknüpfter Mindestlohn erzeugt. Dies alles benutzt die Zentralbank, um durch volle Kontrolle über Geldmenge, Zinsen und Kaufkraft einen definierten Warenkorb langfristig gleich teuer zu erhalten.

Die alten Preisschwankungen werden auf den so genannten "**Humanwert**" verlagert. Unabhängig von der Währung schwankt dieser Wert, je nach Wirtschaftskraft einer Region. Dadurch können schwächere Volkswirtschaften, auch bei gleicher Währung, abwerten.

Die Umschichtung der Vermögenswerte erfolgt durch die Erbschaftssteuer. Diese schwankt ebenso, sodass gut wirtschaftende Regionen weniger Erbschaftssteuer haben als schlechte und korrupte Regionen.

Dieses System ist vor allem realtätsbezogen, es setzt auf dem bestehenden System auf, sodass es auch realisiert werden kann.

2.1. Median

Der Median ist eine statistische Größe. Im Gegensatz zum Durchschnitt, zeigt der Median genau auf den Wert in der Mitte, wenn man alle Werte, in aufsteigender Reihenfolge, aneinanderreiht. Damit weicht der Median oft stark vom Durchschnittswert ab.

Wenn weiter vom Median gesprochen wird, ist damit der Median der Einkommen der Bürger einer Region gemeint.

Gehälter für Politiker und Beamte, Gebühren, Pensionen und Sozialleistungen sollten immer in Prozent vom Median angegeben werden. Zum Beispiel das Gehalt für einen Politiker 150%Median, oder z.B. das Mindesteinkommen 25%Median. Änderungen sind nicht mehr notwendig, denn der Median schwankt sowieso, sodass die einmal gefundene Gerechtigkeit ständig erhalten bleibt.

2.2. Basiszeitraum

Der Basiszeitraum ergibt sich aus der Geldmenge und der Wirtschaftskraft einer Region zum Zeitpunkt der Umstellung auf das humane Geldsystem.

Für Deutschland wäre das im Jahre 2012 eine Geldmenge von ca.19,21 Mio. Euro/Kopf dividiert durch das BIP/Kopf von 33.000 Euro. Das ergibt einen Zeitraum von 582 Jahre.

Jede Region wird den Basiszeitraum später auch verändern, er kann von Region zu Region stark variieren.

Der Basiszeitraum ist direkt mit der Erbschaftssteuer gekoppelt. Je höher der Basiszeitraum, desto höher die Erbschaftssteuer. In Regionen, die extrem schlecht wirtschaften, schichtet sich das immobile Vermögen daher extrem schnell um. Dort kann die Oberschicht ihr Vermögen nicht in der eigenen Familie halten. In gut wirtschaftenden Regionen können die Vermögen an die nächsten Generationen vererbt werden.

Eine Region ist gezwungen den Basiszeitraum zu erhöhen, wenn die gesamte Geldmenge zu knapp würde. Um die Erbschaftsteuer niedrig zu halten, ist jede Region bemüht, die Geldmenge so knapp wie möglich zu halten.

2.3. Humanwert
Das humane Geldsystem benutzt den Menschen selbst als Basis. Diese Basis wird als Humanwert bezeichnet und stellt als Größe die Lebensleistung über mehrere Generationen dar.

Berechnet wird der Humanwert aus dem Bruttoinlandprodukt, dem Basiszeitraum und der Einwohnerzahl. Das BIP wird durch die Einwohner der Region dividiert und mit dem Basiszeitraum multipliziert. Das BIP pro Kopf liegt im Jahre 2012 in Deutschland bei etwa €33.000.--. Das ergäbe bei einem Basiszeitraum von 582 Jahren einen Humanwert von etwas über 19 Millionen Euro.

Es können sich auch etwas abweichende Zahlen ergeben, das ist nicht wesentlich. Wichtig sind gleiche Bedingungen für alle.

Steigt die Wirtschaftsleistung so erhöht sich der Humanwert. Fällt die Wirtschaftskraft so sinkt auch der Humanwert. Das gleiche passiert bei einer Änderung der Einwohnerzahl. Die Zentralbank führt diese Anpassung monatlich durch. Es gibt dabei keinen Ermessensspielraum, denn dieser Wert wird durch eindeutige Fakten errechnet.

2.4. Geldmenge
Das aktuelle System versucht durch ein komplexes Erfassen von Verbindlichkeiten die vorhandene Geldmenge zu errechnen und zu kontrollieren. Mit der Trennung in Kategorien, von M0 bis M3 versucht man einen Überblick zu behalten. Das gelingt nur mehr ansatzweise, denn der größte Teil des Geldes fließt heute unkontrolliert.

Das humane System braucht all dies nicht. Die Geldmenge ist hier ganz simpel die Menge an Geld. Zu jeder Zeit weiß jede Zentralbank wie viel Geld vorhanden ist und auch wo es fließt.

Die Geldmenge schwankt im humanen Geldsystem durch Änderung der Einwohnerzahl, durch die sich verändernde Wirtschaftsleistung oder durch das Verändern des Basiszeitraumes. Da durch stellt die

Zentralbank sicher, dass immer genügend Geld vorhanden ist.

Die Zentralbank errechnet monatlich die Geldmenge, indem sie den Humanwert mit der Einwohnerzahl multipliziert. Der Unterschied zum Vormonat wird vom Geldpuffer der Zentralbank ab- oder zugebucht. Dabei wird Geld vernichtet oder geschöpft. Je nachdem, ob der Humanwert größer oder kleiner wurde oder Einwohner mehr oder weniger wurden.

Daneben überwacht die Zentralbank das gepufferte Geld. Bei einer gewissen Untergrenze wird der Basiszeitraum erhöht. Ab einer gewissen Obergrenze wird der Basiszeitraum gesenkt. Auch dadurch wird Geld vernichtet oder geschöpft.

Die Zentralbanken horten neben diesem Puffer keine Werte mehr. Weder Gold noch Devisen oder Wertpapiere.

Das monatliche Anpassen der Geldmenge stabilisiert jedoch noch nicht die Preise. Mit dem Leitzins, dem Staatszins und der Basiskaufkraft hat die Zentralbank drei Werkzeuge, mit denen sie auch die Preise effektiv stabilisieren kann.

2.5. Leitzins

Der Leitzins ist jener Prozentwert, zu dem sich Banken von der Zentralbank Geld ausleihen können. Dadurch werden Kredite teurer oder billiger und Zinserträge für

Spareinlagen höher oder niedriger. Die Zentralbank benutzt dieses Instrument wie auch in der Vergangenheit.

Banken, die eine Lizenz haben, dürfen sich Geld von der Zentralbank leihen und dieses Geld an Geschäfts- oder Privatkunden der Region verleihen. Ebenso müssen ihre vergebenen Kredite zu 100% als Bankkapital vorhanden sein. Dadurch gibt es keine private Geldschöpfung mehr.

Kredite erhöhen jedoch auch weiterhin die Geldmenge. Schmilzt nämlich der Geldpuffer der Zentralbank auf eine gewisse Untergrenze, so muss sie den Basiszeitraum erhöhen, dadurch steigt der Humanwert an, was wiederum die Geldmenge erhöht. Umgekehrt passiert dies, wenn der Rückfluss zur Nationalbank größer ist, als der Abfluss durch Kredite.

2.6. Staatszins

Der Staatszins ist jener Zinssatz, zu dem sich die Verwaltungen von Staat, Länder, Bezirke und Gemeinden Geld von der Zentralbank leihen können. Im humanen Währungssystem dürfen sich diese Institutionen ausschließlich über die Zentralbank finanzieren. Der Staatszins hält sich in einen kleinen Rahmen um die Marke des Leitzinses, er kann auch Minuswerte annehmen, sollte aber möglichst beim Leitzins liegen. Es müssen vor der Einführung des neuen Systems gemeinsame Regeln für das

Verändern des Staatszinses festgelegt werden. Wie diese Regeln im Detail aussehen, ist nicht so wichtig, sie müssen nur für alle gleich sein.

Der Staatszins stellt eine weitere Einstellschraube für die Nationalbank dar. Im Normalfall sollten der Leitzins und der Staatszins gleich hoch sein. Im Notfall kann jedoch auch davon abgewichen werden.

2.7. Basiskaufkraft

Die Basiskaufkraft ist das wichtigste Element des humanen Geldsystems. Es ist ein Prozentanteil vom Humanwert, gemischt mit einem Prozentanteil des mittleren Einkommens. Die Zentralbank greift dabei durch Verändern der Berechnungsformel ein. Diese Formel sollte mit der Zeit immer mehr optimiert werden, sodass manuelle Eingriffe immer weniger notwendig werden.

Beispielformel:
(Humanwert x 0,0001 + Median) x 0,2 = Basiskaufkraft

90.000.000 x 0,0001 = (1900 + 1800) x 0,2 = € 740.--

Die Basiskaufkraft besteht aus einer direkten Zahlung des Staates an seine Bürger. Für die Politik ist es ein Sozialinstrument zur Mindestsicherung. Für die

Zentralbank ist es ein wichtiges Instrument, um die Preise stabil zu halten.

Rein technisch ist es unerheblich, wer Anrecht auf diese Zahlung hat, wichtig ist, dass die Zentralbank Geld in den Markt pumpen kann. Es muss sichergestellt werden, dass dieses Geld sofort konsumiert wird, denn nur dadurch steigt die Kaufkraft schnell an. Jeder, der kein eigenes Einkommen hat erhält die Basiskaufkraft, auch die Eltern für ihre Kinder unter 14 Jahren.

Die Basiskaufkraft legt auch den Mindestlohn fest. Dieser errechnet sich aus der Basiskaufkraft multipliziert mit dem Faktor 1,8. Das heißt, der Mindestlohn ist immer um 80% höher als die Direktzahlung des Staates. Wichtig dabei ist auch, diesen Monatsbezug durch die geltende Normarbeitszeit zu dividieren. Der sich ergebende Stundenlohn darf ebenfalls nicht unterschritten werden. Bei einer Basiskaufkraft von €800.—würde der monatliche Mindestlohn €1440.—bzw. der Mindeststundenlohn €9.—betragen.

Alle Löhne über den Mindestlohn sind ausschließlich Verhandlungssache der Sozialpartner.

Durch den ständigen Vergleich mit anderen Regionen wird sich rasch eine ideale Formel finden, mit dem die Basiskaufkraft berechnet wird.

Da die Basiskaufkraft auch ein Prozentanteil vom Humanwert ist, steigt die konkrete Höhe der Basiskaufkraft an, sobald sich das BIP erhöht. Dies stellt einen Automatismus dar, der einen Teil des Wirtschaftswachstums in neue Kaufkraft umsetzt.

Ausbezahlt wird die Basiskaufkraft vom Staat. Finanziert wird sie durch die Steuereinnahmen des Staates.

Die Basiskaufkraft ist auch die Grundlage für den Sockelbetrag ab dem Erbschaftsteuer zu zahlen ist. Basiskaufkraft x Basiszeitraum ergibt den Betrag, ab dem Erbschaftsteuer (Basiszeitraum dividiert durch 10) fällig wird. Zum Beispiel:

Basiskaufkraft: € 800.—

Basiszeitraum: 300 Jahre

800 x 300 = 240.000 Euro   300 / 10 = 30 %

Beträge bis € 240.000.— sind steuerfrei, darüber sind 30% Erbschaftsteuer fällig. Ausnahmen darf es nicht geben. Schenkungen vor dem Ableben verringern den Sockelbetrag.

Man kann sich vor Einführung des Systems auch auf andere Zahlen und Formeln einigen, das schadet dem gesamten System nicht, die Rechnung muss nur für alle teilnehmenden Regionen gleich sein. Wichtig ist lediglich, dass die Oberschicht zu einem Interesse an einer harmonischen Funktion des Währungssystems gezwungen wird.

2.8. Sozialsystem

Im humanen System sind alle Steuerzahler und Bezieher der Mindestsicherung automatisch versichert. Das betrifft die Gesundheits- und Pflegeversicherung, andere Sozialversicherungen, wie Unfall- Pensions- oder Arbeitslosenversicherung sind nicht mehr notwendig. Es gibt dabei sinnvolle Selbstbehalte um unüberlegte Nutzung einzuschränken.

Es gibt keine Sozialversicherungsbeiträge mehr. Diese werden zur Gänze durch Steuern ersetzt.

Die Basiskaufkraft ersetzt alle bisherigen Systeme, diese Zahlung erhalten auch die Eltern von Neugeborenen ab der Geburt des Kindes. Ab 14 Jahren erhält das Kind diese Zahlung selbst, bei Problemen erfolgt die Zahlung an das Jugendamt, welche dann die Versorgung des Kindes regelt.

Es gibt dann auch kein Karenzgeld für Mütter mehr, denn sie bekommt mit der Geburt die Zahlung für sich und das Kind, also doppelt, sodass keine finanzielle Unterversorgung entsteht. Im Gegenteil, junge Familien mit mehreren Kindern werden dadurch sehr gefördert.

Die Zahlung der Basiskaufkraft ersetzt alle bisherigen Zahlungen aus dem Sozialsystem. Diese Zahlung bildet damit die Ausgangsseite des Sozialsystems.

Die Eingangsseite des Sozialsystems bilden die Erbschafts- und Einkommensteuer. Die Modalitäten der Erbschaftsteuer sind bereits im Artikel "**Basiskaufkraft**" erklärt. Die Einkommensteuer wird von jedem Einkommen über der Basiskaufkraft eingehoben. Der Eingangssteuersatz beträgt dabei 0%. Der Höchststeuersatz beträgt 70%. Diese 70% bezahlt nur jene Person mit dem höchsten Einkommen. Dazwischen gibt es keine Stufen, sondern eine lineare Steigerung. Es gibt weder Ausnahmen noch Abschreibmöglichkeiten. Der steuerliche Ausgleich wird jedoch nicht jährlich, sondern über 5 Jahre erfolgen. Das heißt, man zahlt in einer Periode von 5 Jahren die gleiche Einkommensteuer, nach dem man den Steuerausgleich durchgeführt hat. Einen Unterschied zwischen Lohn- und Einkommensteuer gibt es nicht mehr.

Pensionisten im klassischen Sinn gibt es nicht mehr, sie leben jedoch in der Regel von ihren **SAG**-Anteilen, welche sie sich im Erwerbsleben ansparen. Nur jene, die sich im Erwerbsleben zu wenig, oder keine Anteile angespart haben, erhalten die Basiskaufkraft, damit gibt es auch kein Pensionsantrittsalter mehr. Jeder bestimmt selbst, wann er sein aktives Erwerbsleben beendet.

Geringfügige Einkommen bis 10%median erhalten die volle Basiskaufkraft, darüber wird eine mathematische Formel eine Ausgleichszahlung errechnen. Einkommen unter dem Mindestlohn erhalten immer eine Ausgleichszahlung, allerdings immer weniger, je näher sie dem Mindestlohn kommen, den sie damit niemals ganz erreichen. Die Modalitäten dieser Ausgleichszahlung werden von der Legislative per Gesetz geregelt.

Nach der Einführung des humanen Geldes werden alle Pensionsansprüche vorzeitig ausbezahlt, damit die Bürger SAG-Anteile erwerben können. Die Angestellten der Pensions- und Krankenkassen werden in die Ministerien eingegliedert, welche auch den gesamten mobilen und immobilen Besitz übernehmen.

2.9. Warenkorb

Der Warenkorb aus Produkten und Dienstleistungen stellt eine der wichtigsten Daten für das humane Geldsystem dar. Die Entscheidung über den Inhalt dieses Warenkorbes wird eine wichtige Aufgabe der Zentralbanken. Hier ist die Kontrolle und Mitsprache von übergeordneten Institutionen, etwa EZB, wichtig, denn diese Größe hat direkten Einfluss auf die Funktion des gesamten Systems. Ständige

Transparenz und Nachvollziehbarkeit sind Grundbedingung.

Der Warenkorb selbst und die Berechnung des Steuersatzes für Erbschaften sind die Größen, die im humanen Währungssystem für alle Teilnehmer gleich sein müssen. Aber auch die Umsatzsteuer sollte möglichst harmonisiert werden, das ist jedoch nicht Bedingung.

Über den Warenkorb erfolgt auch in den Schulen die Vermittlung des Wissens über das humane Geldsystem. Jeder Grundschüler wird künftig als erstes über den Warenkorb Bescheid wissen und daraufhin die restlichen Fakten des Systems kennen lernen.

2.10. Zentralbank

Dreh- und Angelpunkt im humanen Währungssystem ist die Zentralbank. Sie ist ins politische System, neben Parlament, Regierung und Rechnungshof eingebunden. Private Beteiligungen an einer Zentralbank gibt es nicht mehr.

Die zentrale Aufgabe dieser Institution ist es, die Inflationsrate bei 0% zu halten. Die Schwankungen verlagern sich von den Preisen auf den Humanwert. Wie auch bisher, wird es eine Deflation bei technischen Produkten geben, dies liegt, auch genau wie bisher, an den technischen Weiterentwicklungen.

Steigen oder Sinken die Preise, so reagiert die Zentralbank mit einer Veränderung des Leitzinses, der Basiskaufkraft oder des Staatszinses.

Auch wenn Preisänderungen auftreten, die nicht immer nachvollziehbar sind, hat die Zentralbank durch die volle Kontrolle über Geldmenge, Kaufkraft und Zinsen immer die Macht, die Preise stabil zu halten.

Vor der Einführung des neuen Geldsystems müssen auch Regeln definiert werden, die später noch verbessert werden. Regeln, die festlegen, wann, welche Maßnahmen zu setzen sind, unter welchen Bedingungen, so oder so reagiert werden muss. Dies ist wichtig, damit alle künftigen Zentralbanken einer Linie folgen und immer die erfolgreichste Lösung wählen.

Langfristig sind jene Regionen am erfolgreichsten, die ein ausgewogenes Verhältnis zwischen Förderung der unteren Schichten und Belastung der oberen Schichten haben. Schlechte Politik zeigt sich im humanen Geldsystem immer durch eine Erhöhung der Erbschaftssteuer. In den meisten Fällen basiert schlechte Politik auf Korruption, darum wird die Höhe dieser Steuer künftig ein Indikator für die Korruption sein. Erstmals verfügt die Menschheit damit über ein System, das die Korruption durch einen Automatismus einschränkt.

Im humanen Geldsystem müssen das Statistikamt, das Finanzamt und die Zentralbank eng miteinander verzahnt sein. Eine moderne Kontrolle durch den Rechnungshof ist unbedingt erforderlich. Jegliche Entscheidung erfolgt nur aufgrund der statistischen Berechnungen und muss für jedermann nachvollziehbar sein. Einsame Willkür durch einen Notenbankchef gibt es nicht mehr.

Neben der Kontrolle durch den Rechnungshof muss auch eine übergeordnete Institution Kontroll- und Überwachungsaufgaben wahrnehmen. Diese Institution hat im humanen Währungssystem neben Kontrollkompetenzen auch Sanktionskompetenz. Agiert eine regionale Zentralbank mit falschen Zahlen, hat diese Institution sofortige Korrekturkompetenz. Institutionen wie die heutige EZB oder Weltbank bekommen damit eine deutlich andere Aufgabenstellung.

2.11. Handelsbilanz und Devisen
Devisenkonten gibt es beim humanen Geldsystem nicht mehr. Alles an Geld einer Region befindet sich in dieser Region, auch auf Konten von Ausländern oder Firmen aus anderen Regionen. Bei jedem Export erfolgt eine Buchung auf diesen Konten. Importeure müssen ein Konto in der fremden Region haben.

Damit ergibt sich eine weitere Aufgabe für die Zentralbanken. Der monetäre Ausgleich. Dazu hat jede Zentralbank ein Konto bei allen anderen Zentralbanken. Dadurch können Bürger verschiedener Regionen untereinander handeln. Dieser Vorgang erfolgt automatisch, ohne Zeitverzögerung und Gebührenbelastung, solange die Handelsbilanz in etwa ausgeglichen ist. Bei starken Überhängen kommt es zu Behinderungen. Diese Behinderungen sind durchaus gewünscht, denn die Handelsbilanzen sollten, innerhalb eines gewissen Rahmens, ausgeglichen sein. Es ist Aufgabe der Politik, solche Behinderungen nicht entstehen zu lassen, indem sie zwischenstaatliche Gegengeschäfte und Verträge vereinbart.

Für unsere moderne Technik stellt diese Vernetzung und die automatischen Buchungen kein Problem dar. Diese Leistung der Zentralbanken wird zur Selbstverständlichkeit, wie etwa die Struktur des Straßennetzes.

Der riesige Markt des Devisenhandels kommt im Endausbau völlig zum Erliegen.

2.12. Papiergeld und Münzen

Schon im alten System gibt es nur mehr 3% bis 5% der gesamten Geldmenge als Papier- oder Münzgeld. Dies ändert sich im humanen Geldsystem nicht wesentlich.

Wegen der immer besser werdenden Bedingungen für Geldfälscher sollte, wie schon bisher, der bargeldlose Geldverkehr weiter forciert werden. Die Gültigkeit von Geldscheinen sollte 10 Jahre nicht überschreiten, neue Scheine sollten alle 5 bis 8 Jahre die alten ersetzen. Jede Region kann dabei eigene Scheine, oder mit anderen Regionen gemeinsame Scheine, benutzen. Da die Währungen nicht mehr schwanken ist es unwesentlich, welche Währung benutzt wird.

Benützen mehrere Regionen die gleichen Scheine, so ist eine übergeordnete Notenbank notwendig. In der Europäischen Union wäre dies die EZB.

Jede Region kann jedoch auch eigene Geldscheine nutzen, im humanen Geldsystem ist dies nicht wesentlich.

Das Münzsystem braucht bei einer Umstellung auf das humane System überhaupt nicht verändert werden.

2.13. Die Umstellung

Noch vor der ersten Maßnahme sind umfangreiche Verhandlungen nötig. Die künftigen Teilnehmer müssen alle Systembedingungen festlegen. Wird eine Einigung wahrscheinlich, wird der Finanzsektor in den beteiligten Staaten etwa 25% seines Personals abbauen. Der Grund sind die zu erwartenden Veränderungen. Doch die Finanzmarktaufsicht und die Bankenaufsicht werden den größten Teil dieser

Personen benötigen. Die Arbeit dieser beiden Institutionen wird zur Umstellung, und in den ersten Jahren danach, sehr stark ansteigen.

Einem Entschluss der europäischen Union, zur Umstellung auf das humane Geldsystem, kann nur ein umfangreicher Austausch der Spitzenpositionen auf nationaler und internationaler Ebene vorausgehen. Man darf sich diesbezüglich keiner Illusion hingeben. Zurzeit sind alle wichtigen Positionen mit Personen besetzt, die keinerlei Interesse an einer humanen Lösung haben. Im Gegenteil, an den Hebeln der Macht sitzen vor allem Personen mit einem Naheverhältnis zu Institutionen, welche die letzten Krisen ausgelöst, oder zumindest davon profitiert, haben. Durch die Konzentration auf den Konzern „Goldmann-Sachs" ist es jedoch ein leichtes, diese Personen zu identifizieren.

Die erste Maßnahme besteht in der Erfassung aller Kredite und anderer Verträge, die Geld schöpfen, sowie in der Einrichtung des Pufferkontos und aller anderen relevanten Konten bei den Zentralbanken. Die Banken beginnen dann mit der Rückzahlung an die Zentralbank.

Die zweite Maßnahme ist die Umschuldung aller Staatsschulden am Finanzmarkt durch die Zentralbank und der Beginn der Rückzahlung durch die Zentralbank. Dem stehen Konten der Verwaltungen von Staat, Länder und Gemeinden gegenüber, dorthin fließen alle künftigen Rückzahlungen aus diesen Institutionen. Gleichzeitig erfolgt der Verkauf sämtlicher Rücklagen der Zentralbank. Gold wird durch diesen Schritt ein Metall, wie jedes andere. Der Goldpreis wird schon vorher massiv fallen.

Die dritte Maßnahme ist die Einrichtung der Mechanismen der Basiskaufkraft. Pensionsansprüche werden vorzeitig ausbezahlt und die Pensions- und Krankenkassen aufgelöst, bzw. in die Ministerien eingegliedert. Zahlungen für Renten, Gesundheit, Pflege, Sozialhilfe, ect. werden danach durch die Basiskaufkraft ersetzt. Pensionisten der Zukunft werden von ihren Firmenanteilen und/oder von der Basiskaufkraft leben. Ebenso leben Kinder und Jugendliche und jene Erwachsenen, die es nicht schaffen, genug eigenes Einkommen zu erwirtschaften hauptsächlich von der Basiskaufkraft. In fernerer Zukunft wird es nur sehr wenige Menschen geben, die nicht im Laufe ihres Lebens irgendwann von der Basiskaufkraft gelebt haben, das wird zu einer Selbstverständlichkeit.

Wird der Euroraum auf das humane Geld umgestellt, so wird er bereits nach kurzer Zeit zur Leitwährung, denn durch die stabilen Preise sind alle anderen Volkswirtschaften gezwungen, gegenüber dem Euro abzuwerten.

Anfangs können Angriffe von den globalisierten Mächten nur mit starken Mechanismen abgewehrt werden. Dazu gehören Sozialzölle, Umweltzölle und gezielte Politik. Auch wenn dazu einige internationale Verträge gekündigt werden müssen.

Wegen der horrenden Staatsschulden der meisten Länder, sind anfangs sehr hohe Basiszeiträume nötig. Dies führt in den am höchsten verschuldeten Regionen zu Erbschaftssteuern von über 90%. Nur die steuerfreien Sockelbeträge können vererbt werden. Diese Tatsache ist das große Hindernis für dieses System, denn die herrschenden Oberschichten verteidigen ihr Vermögen mit allen Mitteln. Diese Tatsache beschert jedoch auch einen Vorteil. Dieser Vorteil ist ein zusätzliches Steuerungselement für die Zentralbank. Durch die enormen Einnahmen aus der Erbschaftssteuer können sie Schulden schneller zurückzahlen als vereinbart. Sie können diesen Vorgang somit steuern, das heißt verlangsamen oder beschleunigen, je nach Notwendigkeit.

Viele Banken werden in Konkurs gehen, weil sie zur Umstellung ihre Kredite und Verträge zu 100% kapitalisieren müssen. Das werden leider viele sein. Daher brauchen wir vor der Umstellung ein funktionierendes Liquidationsverfahren für Banken. Meist werden solche Banken jedoch verstaatlicht, in eine SAG umgewandelt und wieder verkauft. Spareinlagen müssen dabei durch staatliche

Institutionen gesichert werden. Der große Vorteil dieses Vorganges ist das Verschwinden von virtuellen Vermögen, Scheinvermögen, die nur aus künstlichen Erfindungen der Wertpapierabteilungen der Banken bestehen. Dieser Vorgang lässt die gesamte Geldmenge schrumpfen und dadurch können die anfangs hohen Basiszeiträume verkürzt werden.

Finanz-, Versicherungs- und Glückspielunternehmen werden alle in eine SAG umgewandelt.

Die größeren Staaten sollten überlegen, ob sie nicht besser zwei oder noch mehr Zentralbanken installieren. Die Regionen sollten durchgängig eine etwa gleiche Wirtschaftskraft haben. Es ist viel sinnvoller, wenn wirtschaftlich schwache Regionen eine eigene Zentralbank installieren, so kann der Humanwert gegenüber der stärkeren Region abwerten. Die Aufteilung der Staatsschulden muss in diesem Fall vorher verhandelt werden.

Mit der Umstellung muss auch das politische System verbessert und harmonisiert werden.

Neben der primären Aufgabe der Zentralbank, den stabilen Preisen, gibt es immer Druck, die Erbschaftsteuer zu senken. Dazu muss die Region den Basiszeitraum verkürzen. Dies funktioniert jedoch nur, wenn entweder der Humanwert steigt, oder die gesamte Geldmenge verringert wird.

Die Geldmenge zu verringern, bedeutet ein Schrumpfen der Wirtschaft. Im Gegensatz zum heutigen System, kann dies im humanen Geldsystem durchaus eine sinnvolle Option sein. Wenn zum Beispiel die Bevölkerung durchgängig mit einer neuen Technik versorgt ist, braucht man viel weniger Ressourcen, um diese Technik aufrecht zu erhalten.

Der Humanwert steigt, wenn die Produktivität steigt. Das heißt, dieser Region gelingt es, dieselbe Menge Waren und Dienstleistungen mit weniger Aufwand zu erzeugen. Mit dem Humanwert steigt die Geldmenge. Man kann also den Basiszeitraum verkleinern, was die Geldmenge wieder auf das vorherige Maß schrumpfen lässt und die Erbschaftsteuer damit sinken lässt. Es gibt jedoch auch hier einen Gegenzug. Je niedriger die Erbschaftsteuer wird, desto niedriger wird auch der steuerfreie Sockelbetrag, sodass die steuerpflichtige Bevölkerungsschicht wächst. Dies erzeugt einen politischen Gegendruck, der auf eine Erhöhung der Erbschaftsteuer abzielt.

Die Schulden der Verwaltungen von Staat; Länder und Gemeinden richten keinen Schaden mehr an. Sie erhöhen zwar die Geldmenge, doch ihre Reduzierung ist nicht schädlich, wie im alten System. Ständig ansteigende Schulden schaden zwar der Währung nicht mehr, der Gesellschaft aber sehr wohl. Wegen der hohen Rückzahlungen werden die Steuern immer höher, auf Dauer stellt nur eine Reduzierung der

Schulden oder zumindest ein Beenden der Neuverschuldung eine Lösung dar. Die Schulden, Steuern und Serviceleistungen des Staates sollten auf Dauer ein möglichst harmonisches Verhältnis zueinander haben.

Längerfristig ergibt sich eine Wanderbewegung zu Regionen mit niedrigen Basiszeiträumen, denn dort kann man seinen Kindern sein Vermögen günstiger vererben. Dieser Zuzug zwingt jedoch zumeist auch zu einer Erhöhung des Basiszeitraumes, was diese Wanderbewegung wieder entgegen wirkt.

Nach einigen Jahren wird das humane Geldsystem zur Selbstverständlichkeit. Die neuen Generationen können sich kein wirkliches Bild mehr von den alten Ungerechtigkeiten machen.

Beispiel Albanien
Dieses Beispiel soll zeigen wie ein kleiner Staat, wie Albanien, auf das humane Währungssystem umstellt.

Als erstes etablieren sich in einer oder mehreren Parteien Politiker im albanischen Parlament. Sie werden nachfolgend als „Medianer" bezeichnet.

Die Medianer sollten über etwa 10% an Sitzen im Parlament verfügen um erste Beschlüsse in ihre Richtung zu erwirken.

Anfangs werden sie natürlich stark angefeindet. Man versucht sie zu verunglimpfen, man bezeichnet sie als linke Chaoten und ähnliches. Andererseits werden sie auch als rechte Neoliberale beschimpft, weil sie viele soziale Errungenschaften bedrohen.

Genau wegen diesem Widerspruch werden sich viele junge Albaner das neue System selbst genauer ansehen und viele von denen werden zu neuen Medianern, wenn sie das System zu verstehen beginnen.

Als erstes gelingt es den Medianern die Einführung der neuen Gesellschaftsform SAG im Parlament durchzusetzen. Dies scheint auch vielen anderen Politikern als erstrebenswert und sie erhalten eine Mehrheit für die SAG.

Die Medianer achten dabei penibel darauf, dass Transparenz im Wirtschaftsministerium eingeführt wird, sodass Korruption an der neuen Börse keine Möglichkeit bekommt. Es befinden sich gut ausgebildete Techniker und Informatiker in ihren Reihen, sodass ein beispielgebendes System entsteht.

Viele Jungunternehmer nutzen die neuen Möglichkeiten und stellen ihre Firma um. Viele um Steuern zu sparen, die meisten jedoch um neues Kapital durch Neuemissionen zu erhalten. Viele neue Firmen starten mit Hilfe der neuen Börse. Auch

Auslandsalbaner auf der ganzen Welt beobachten die Entwicklung in der Heimat und beginnen SAG-Anteile zu erwerben.

Die Medianer steigern bei der nächsten Wahl ihre Sitze und kommen als Koalitionspartner in die Regierung. Sie erhalten das Wirtschaftsministerium und verbessern das System, sodass ihr Wahlsystem auch für politische Wahlen brauchbar wird.

Die ersten Kommunalwahlen werden erfolgreich mit dem neuen System durchgeführt. Die Weltpresse beginnt sich für die Vorgänge in Albanien zu interessieren.

Bei den nächsten Wahlen erhalten die Medianer eine Mehrheit im Parlament und beschließen als erstes eine umfangreiche Steuerreform. Danach können sie auch das humane Geldsystem einführen.

Die Geldmenge in Albanien ist im europäischen Vergleich unglaublich gering.

Das albanische Amt für Statistik, zusammen mit dem Finanzministerium und der Zentralbank ermitteln die Festlegung des Basiszeitraumes für den Start im neuen System.

Man muss dabei abwägen zwischen der anfänglichen Währungsstabilität und der sich ergebenden Erbschaftssteuer. Sollen kleine Erbschaften steuerfrei bleiben, muss der Basiszeitraum möglichst hoch sein. Soll die Währung gegenüber dem Ausland stabil bleiben, muss die Geldmenge, und damit der Basiszeitraum, so klein wie möglich sein.

Man einigt sich beispielsweise auf einen Basiszeitraum von 162 Jahren. Der Lek wird dadurch anfangs etwas verlieren, die stabilen Preise gleichen das jedoch bald wieder aus. Es ergeben sich folgende Zahlen.

Einwohner:	3.150.143	
BIP pro Kopf:	431.747 ALL	3.086 €
Basiszeitraum:	162 Jahre	
Humanwert:	69.947.235 ALL	499.932 €
Geldmenge:	220.343.795.483.030 ALL	
	1.574.857.290.276 €	
Basiskaufkraft:	15.614 ALL	87 €
Mindestlohn:	21.826 ALL	156 €
Median:	25.604 ALL	183 €
Erbschaftsteuer ab:	2.538.590 ALL	18.144 €
Erbschaftsteuer:	16.2% (Erbschaften unter	
	2.538.590 ALL sind steuerfrei)	

Nach der Umstellung verändern sich die Zahlen kontinuierlich, denn die Kaufkraft steigt ständig an. Nach 10 Jahren wird der stabile Lek die härteste Währung. Albanien wird die Schweiz im Süden genannt. Man hat sich an den Lebensstandard der Eurozone angeglichen. Wegen der hohen Beträge in Lek führt Albanien nach 13 Jahren den Euro ein.

2.14. Unterschiede und Gemeinsamkeiten

Wenn man beide Systeme genau betrachtet, sind die Unterschiede gar nicht so groß, wie es den Anschein hat.

Der Unterschied besteht nur in der Kontrollierbarkeit und den Steuerungsmöglichkeiten.

Ähnlich wie bei der Geldschöpfung des alten Systems, steigt die Geldmenge auch beim humanen Geld, wenn die Nachfrage nach Krediten steigt. Der Unterschied liegt in den teils automatischen Mechanismen, die für Transparenz und Sicherheit sorgen.

Der unkontrollierbare globale Geldmarkt wird in überschaubare und vor allem steuerbare Einheiten zerlegt. Der globale Handel wird jedoch kaum verändert, die Finanzwirtschaft wird wieder zu einem Hilfsinstrument der realen Wirtschaft. Im alten System wurde aus der Finanzwirtschaft eine eigene Industrie mit eigenen Produkten. Dies ist auch der große Unterschied. Sowohl Finanz- als auch Versicherungswirtschaft werden wieder zu reinen Dienstleistungsbranchen und erzeugen auch keine Produkte mehr.

Der größte Unterschied besteht jedoch im direkten Einfluss der Zentralbank auf die unteren Einkommen. Erst diese Maßnahme macht das System krisenfest und effektiv.

Zusätzlich ist die Politik gefordert, die vorhandene Arbeit möglichst auf die gesamte Bevölkerung zu verteilen. Es ist nicht sinnvoll, dies den Sozialpartnern zu überlassen, denn betriebswirtschaftliche Denkweisen können in diesen sensiblen Bereichen großen Schaden anrichten. Wenn die Produktivität stärker wächst, als die Nachfrage nach Gütern, so nimmt die Arbeit ab. Dieser Vorgang richtet im neuen System keinen Schaden mehr an. Im alten System ist dieser Vorgang eine Katastrophe, er stellt den Anfang vom Ende dar.

Das Achten auf Preisunterschiede wird es nach wie vor geben. Die Preiskämpfe z.B. des Handels wird es weiter geben. Die Zentralbanken gleichen nur die mittel- und langfristigen Preisverschiebungen aus. So werden alle gängigen Leitprodukte aus den Bereichen Ernährung, Kleidung, Wohnen, ect. im Durchschnitt über die Jahre immer gleich bleiben.

Das humane Geldsystem stellt mit geringstem Aufwand immer die optimale Geldmenge zur Verfügung. Dummheit und Kriminalität können dem System keinen Schaden zufügen. Durch die schnelle Steuerung von Kaufkraft und Zinsen ist das System völlig krisenfest und nicht mehr von einem Wachstum der Wirtschaft abhängig.

Die modernen Fähigkeiten des Menschen stehen im alten System ausschließlich im Dienste des Profites.

Im humanen System werden diese Fähigkeiten eingesetzt, um dauerhaft selbstverständliche Ordnung und Frieden zu installieren ohne das Streben nach Gewinnmaximierung zu reduzieren.

2.15. Zusammenfassung

Im humanen Währungssystem haben alle Regionen eine eigene Zentralbank und eine gewisse Geldmenge, die auf den Konten dieser Zentralbank abgebildet ist.

Geld einer Region verlässt die Region nicht mehr. Geldflüsse über die Regionen hinaus führen immer über die Zentralbank. Diese Buchungen erfolgen ohne Zeitverzögerung und sind gebührenfrei.

Der Basiszeitraum einer Region, multipliziert mit dem BIP pro Kopf ergibt den Humanwert. Der Humanwert einer Region, multipliziert mit den Einwohnern ergibt die Geldmenge einer Region.

Humanwert = BIP/Kopf x Basiszeitraum

Geldmenge = Humanwert x Einwohner

Im humanen Währungssystem verlagern sich die Preisschwankungen auf den Humanwert. Die Preise für alle Grundbedürfnisse bleiben über längere Zeiträume immer gleich. Dies vereinfacht das gesamte Wirtschaftsleben erheblich.

Der wichtigste Wert im humanen Geldsystem ist die Basiskaufkraft, die als Mindestsicherung vom Staat an Bürger ausbezahlt wird. Die Höhe der Zahlung schwankt durch die Arbeit der Zentralbank. Sie hält damit, zusammen mit dem Zinssatz die Preise stabil. Die Zentralbank legt die Höhe der Basiskaufkraft nicht direkt fest, sondern verändert und verbessert eine mathematische Formel.

Beispielformel:

(Humanwert x 0,0001 + Median) x 0,2 = Basiskaufkraft

Die Zentralbank errechnet monatlich die Geldmenge und gleicht das Ergebnis mit dem Vormonat ab. Dabei wird Geld vernichtet oder geschöpft. Je nachdem, ob das BIP größer oder kleiner wurde oder Einwohner mehr oder weniger wurden.

Daneben überwacht die Zentralbank das gepufferte Geld bei der Zentralbank. Bei einer gewissen Untergrenze wird der Basiszeitraum erhöht. Ab einer gewissen Obergrenze wird der Basiszeitraum gesenkt. Auch dadurch wird Geld vernichtet oder geschöpft. Dies beeinflusst auch die Modalitäten der Erbschaftsteuer.

Das Geld im Markt und die Preise im Markt reguliert die Zentralbank durch Änderung der Basiskaufkraft und der Zinsen. Die Politik trägt mit ihrer Steuerpolitik auch Anteil an diesen Aufgaben.

Die Höhe des Basiszeitraumes bestimmt über den Erbschaftsteuersatz. Sowie, zusammen mit der Basiskaufkraft, über den Sockelbetrag, ab dem Erbschaftsteuer fällig wird. Schenkungen vor dem Ableben verringern den Sockelbetrag.

% Erbschaftsteuer = Basiszeitraum / 10

Sockelbetrag = Basiskaufkraft x
Basiszeitraum

Die Höhe der Basiskaufkraft bestimmt den Mindestlohn in der Region.

Mindestlohn = Basiskaufkraft x 1,8

z.B. €720 x 1,8 = €1296.-- = €8,10/Stunde

Die Zentralbanken horten keine Werte mit Ausnahme des Geldmengenpuffers. Gold ist im humanen Geldsystem ein Metall, wie jedes andere.

Die FMA (Finanzmarktaufsicht) stellt sicher, dass kein Geld durch private oder sonstige Institutionen geschöpft wird.

3. Kausales Denken

Egal ob Überlegungen über die Wirtschaft, die Medizin, das Wetter oder andere Themen angestellt werden, immer geht es um Ursache und Wirkung. Jede Auswirkung stellt wieder eine Ursache für eine weitere Wirkung dar, man nennt das auch Kausalkette. Der Mensch kann immer nur einen Ausschnitt in einer solchen Kette beobachten und durchschauen. Es gibt immer Ursachen vor den angenommenen Ursachen und es gibt immer Auswirkungen nach den beobachteten Wirkungen einer solchen Kette.

Beim kausalen Denken versucht man, solche Ketten möglicht von einem neutralen Standpunkt aus zu betrachten und die Kette so weit wie möglich auszudehnen.

Je komplexer ein Thema, desto mehr Ketten sind miteinander verwoben. Schon ab zwei solchen Ketten kann ein System chaotisch werden, das heißt, der Mensch ist nicht mehr in der Lage die Kausalitäten gedanklich nachzuvollziehen. In Wahrheit gibt es kein Chaos, nur die Unzulänglichkeit des menschlichen Verstandes.

Kausal zu Denken ist jedem Menschen möglich, es ist uns von der Natur mitgegeben, man braucht nur seinen Verstand in den Dienst des Geistes zu stellen. Den Rest erledigt sich fast von selbst. Durch den schnellen Zugang zu Informationen, kann man dadurch jedes Thema in kürzester Zeit kausal betrachten.

Das beste Beispiel bietet hierbei die Wirtschaft mit den beiden Denkweisen. Das betriebswirtschaftliche Denken und das volkswirtschaftliche Denken. Beim ersteren ist die Kette so kurz wie möglich, beim zweiten so lang wie möglich. Vergleichbar mit den menschlichen Charakterzügen des Egoismus und des Altruismus.

Nun noch einige praktische Beispiele.

3.1 Die Aktiengesellschaft
Eine AG besteht aus dem Vorstand, dem Aufsichtsrat und den Aktienbesitzern. Der Aufsichtsrat wird von den Anteilsbesitzern gewählt und bestellt den Vorstand, der das Unternehmen führt. Ganz einfache und leicht nachzuvollziehende kausale Zusammenhänge.

In Wahrheit sieht die Sache jedoch völlig anders aus. Dort wird die AG gegründet, um sich Kapital für Investitionen zu besorgen. Zumeist verfügen die Vorstandsmitglieder über eine Sperrminorität, sodass sie volle Kontrolle über das Unternehmen haben. Die Kontrolle durch den Aufsichtsrat ist meist eine Formsache. Die große Mehrheit der Anteilsbesitzer des Unternehmens hat keinen Einfluss auf die

Entscheidungen, auch nicht bei der Wahl des Aufsichtsrates.

Anstatt die Aktionäre zu vertreten, kassieren die meisten Aufsichtsräte hohe Abfindungen, dafür zeichnen sie alle Entscheidungen des Vorstandes ungeprüft ab. Oft vergibt man die Posten der Aufsichtsräte an befreundete Vorstandsmitglieder anderer Unternehmen, im Gegenzug sitzt man selbst im Aufsichtsrat des befreundeten Unternehmens.

Der Effekt in der Praxis bedeutet exorbitante Gehälter für Vorstände und völlig inakzeptable Abfindungen für Aufsichtsräte. Die Gewinne der Unternehmen fließen nicht, wie vorgesehen, als Dividenden zu den Besitzern, sondern werden von Vorstand und Aufsichtsrat abgeschöpft.

Eigentlich müssten solche Firmenanteile völlig unverkäuflich sein. Doch für eine Kaufentscheidung ist heutzutage die Firmenpolitik völlig zweitrangig. Wichtig ist einzig und allein ein erhoffter Spekulationsgewinn, wenn man die Anteile wieder verkauft.

Sollte unsere Gesellschaft eines Tages soweit sein, das humane Geldsystem einzuführen, so wird sie auch die Zustände im Aktienrecht nicht länger dulden können.

3.2 Die Sozialversicherung

Alle modernen Demokratien verfügen in irgendeiner

Form über eine Sozialversicherung. Zumeist umfasst diese Versicherung die Bereiche Krankheit, Unfall, Pension und Arbeitslosigkeit.

Dabei zahlen alle Einkommensempfänger einer Volkswirtschaft einen gewissen Betrag vom Einkommen in einen Topf ein. Tritt bei einem von ihnen ein Einkommensausfall ein, so übernimmt die Versicherung für einen gewissen Zeitraum die Versorgung dieser Person.

Betrachtet man dieses System volkswirtschaftlich, das heißt kausal, so stellt sich alles völlig anders dar.

Volkswirtschaftlich betrachtet ist die Arbeit nur der Schlüssel, mit dem man einen gewissen Anteil vom erwirtschafteten BIP eines Jahres erhält. Die Arbeit ist nicht die alleinige Ursache dieser Produktionsleistung. Sie stellt nur einen der Faktoren dar, und dabei nicht einmal den wichtigsten.

Der wichtigste Faktor für das Entstehen eines jährlichen BIP ist die Natur mit ihren Rohstoffen. Abgesehen davon, sind es vor allem unsere gemeinsamen Fähigkeiten, diese Rohstoffe in brauchbare Produkte umzuwandeln. Dies macht dann die Wirtschaftskraft einer Region aus.

Hat man die kausalen Ketten eines Systems, wie das der Sozialversicherung, auf diese Weise betrachtet, so gestattet die neue Sicht eine gewaltige Vereinfachung der Administration solcher Systeme.

3.3 Das Militär

Das wohl älteste Thema in der Beispielliste stellt die kausale Betrachtung des Militärwesens dar. Die ältesten Organisationsformen sind in Asien beobachtbar.

Der Grund für die Ausbildung dieser, fast ausschließlich, männlichen Domäne, ist die Effizienz bei Verteidigung und Angriff gegen befeindete Mächte.

Diese Effizienzsteigerung bezahlte die Menschheit schon immer mit einem sehr hohen Preis. Jeder Mann der eine Militärkarriere beginnt, wird am Beginn, bis zu einem gewissen Grad, seiner Menschlichkeit beraubt. Dies variiert in der Geschichte sehr stark und ist immer mit Ritualen verbunden.

Die Grausamkeiten einer militärisch geprägten Gesellschaft sind weltweit beobachtbar. Ob bei den Inkas in Südamerika, bei den japanischen Samurai oder den Spartanern im antiken Griechenland.

Die Krieger der Spartaner wurden Spartiaten genannt und wurden zum Vorbild der römischen Gesellschaftsform. Das römische Modell wiederum bildet die Grundlage für die heutigen Formen des Militärwesens.

Die Europäer, aber auch die moderne amerikanische Armee und so gut wie allen anderen Armeen haben in ihrer Geschichte dieses römische Modell mehr und mehr übernommen. Heute ist die Gesellschaft, genau wie im römischen Reich, zweigeteilt, in Zivilisten und Militaristen.

Am bedenklichste sind die Formen des Militarismus in den getarnten Ausprägungen. Die riesigen Institutionen der geheimen Dienste verbreiten heutzutage ihre Macht wie Krebsgeschwüre über den Planeten.

Wie schon immer versprechen die Militärs den Frieden, obwohl nur sie selbst für jede kriegerische Handlung verantwortlich sind. Zumeist handelt es sich dabei sogar um Selbsttäuschung. Die meisten Soldaten glaubten und glauben an ihre Missionen.

Inzwischen sind diese Organisationen nicht nur für Anschläge und Kriege verantwortlich, sondern auch für einen Großteil der Kriminalität auf dem Planeten. Speziell die organisierte Kriminalität, wie Drogen-, Menschen- und Waffenhandel sind heutzutage hauptsächlich in der Hand von staatlichen, geheimen Militärdiensten, die längst chaotische Formen angenommen haben. Das heißt, sie sind der Kontrolle durch die Gesellschaft entglitten, genau wie das Geldwesen.

3.4 Bildung

Der Bereich der Bildung stellt wahrscheinlich das kontroverseste Thema dar, wenn man eine möglichst kausale Betrachtung vornimmt. Die Ausgangswerte und auch die endgültigen Auswirkungen werden in diesem Bereich noch mehr verkannt, als in der Volkswirtschaftslehre.

Genau wie beim Geld, sind die Ursachen für diese Fehlbeurteilungen in der Manipulation der Menschen zu suchen. Es liegt im elementaren Interesse einer auf Dauer etablierten Oberschicht, eine dicke, schlecht gebildete Unterschicht zu erhalten. In einer Demokratie bedeutet das, massivste Manipulation der Wähler. Je gebildeter die gesamte Bevölkerung wird, desto mehr Manipulation durch die Medien wird notwendig, um, die oft haarsträubenden, Zustände aufrechterhalten zu können.

Die Menschenmanipulation ist so alt, wie die Menschheit selbst, als organisiertes System ist es erstmals in der Antike beobachtbar. In der jüngeren Geschichte begann es so richtig im deutschen Reich mit einem eigenen Propagandaministerium. Danach wurden alle damaligen Erkenntnisse ständig verbessert. Inzwischen ist die Werbebranche mit Abstand der größte Wirtschaftsfaktor auf der Erde.

Im Jahre 2012 gibt es für jede nur denkbare Interessensausrichtung eines Menschen eine mögliche Manipulationsform. Ein riesiges Heer von Spezialisten sorgt für die Durchführung und Aufrechterhaltung dieser Mechanismen. Ob Sportler, Schauspieler, Politiker oder sonstiger Mediengestalten, alle tragen zu einer durchgängigen geistigen Manipulation ihrer Zielgruppe bei. Sie werden dafür fürstlich entlohnt.

Es gibt auch immer weniger Journalisten, welche sich dem Manipulationsversuchen zu entziehen versuchen. Guter Journalismus wird immer seltener. In vielen Journalistenkreisen herrscht eine etwas chauvinistische Grundstimmung. Man hört Aussagen wie: „Der heutigen Bevölkerung ist die Wahrheit nicht mehr zuzumuten." Oft auch als Rechtfertigung, so als müsse man die Bevölkerung vor der Wahrheit beschützen. All dies zeigt jedoch nur, in welch hohem Grad auch die Journalisten manipuliert werden, gerade sie hätten es notwendig, über den geistigen Tellerrand zu blicken. Stattdessen beschweren sich viele, in völliger Verkennung der Ursachen, über die schlechte Bildung der Bevölkerungsmehrheit. 2012 hörte man erstmals den Begriff „Proletogratie", ein Wortspiel, das die Einstellung vieler Journalisten wiedergibt.

Noch schlimmer ist es mit den Pädagogen bestellt. Gerade hier gäbe es eine wirklich gute, wissenschaftliche Grundlage. Angefangen mit Jean Piaget über Pestalozzi, Montessori, bis hin zu den moderneren Vertretern wie Emmi Pickler oder Rebecca Wild. Vor allen anderen, möchte der Autor jedoch auf Heinrich Jacoby hinweisen, dessen Forschungen völlig vergessen wurden. All diese Personen sind den meisten deutschen Lehrern nur am Rande bekannt, obwohl sie die Grundlage für eine moderne Pädagogik bilden würden.

Betrachtet man die Geschichte der Schulbildung, so ergibt sich auch dabei eine sehr interessante Frage. Da der Beginn der Schulpflicht in Europa just mit dem Aufkeimen der französischen Revolution zusammenfällt, stellt sich die Frage, ob diese Maßnahme nicht eigentlich als Gegenwehr der Oberschicht gedacht war. Betrachtet man dann die Lehrpläne und die Lehrmethoden aus den Anfangszeiten, so wird aus dieser Frage eine Gewissheit.

3.5 Politik

Am Schlimmsten ist die Politik von der Manipulation betroffen. Noch mehr als bei den Journalisten, ist hier eine fast durchgängige, negative Auslese anzutreffen. Nur mehr Personen, mit einem Überhang an egoistischen Charakterzügen können sich in den modernen Parteien behaupten. Genau diese Eigenschaften machen sie für die wirklichen Mächte zu willfährigen Marionetten.

Nur selbstlose Menschen könnten wieder etwas Anstand in die Politik bringen. Zum Glück schaffen es doch einige anständige, engagierte Personen trotz aller Widerstände, doch sie sind eine kleine Ausnahme. Diese Personen zu erkennen und dann auch zu wählen, dass wäre die Notwendigkeit in unseren modernen Demokratien.

Es mangelt nicht am Interesse, das sieht man an den Besucherzahlen des politischen Kabaretts. Dabei fällt sofort eine Parallele in der Zeit auf. Vor achtzig Jahren war die Entwicklung frappierend ähnlich. Auch damals eine schlimme Wirtschaftskrise und eine sehr große Vorliebe für das Kabarett. Diese Kunstform stellt jedoch keine Hilfe dar, weder damals noch heute. Sarkasmus erzeugt nur eine vorübergehende Beruhigung, nicht mehr. Mit einer kleinen Ausnahme. Das große Interesse hat die bekannten Kabarettisten durchgängig zu Millionären gemacht.

3.6 Wissenschaft

Die moderne Wissenschaft hat die Menschheit seit der Aufklärung völlig verwandelt. Betrachtet man jedoch die gesamte Wissenschaftsgeschichte möglichst kausal, so kommt man letztendlich zu folgendem Schluss. In ferner Zukunft wird man diese Strömung auch nur unter vielen einreihen, vielleicht wird man sie sogar als religiöse Strömung bezeichnen, eine Religion, welche die Erlösung im Materiellen suchte. Zum Leidwesen vieler Wissenschaftler, die sich gegenseitig mit Titeln beweihräuchern und den Preis des Sprengstoffherstellers „Nobel" als höchste Errungenschaft ansehen, werden sie in 2000 Jahren wahrscheinlich nur als Priester einer suspekten Religion eingestuft, mit einem Status, wie wir heute beispielsweise die jüdischen Pharisäer, 2000 Jahre vor unserer Zeit, betrachten.

Auch wenn der Materialismus eine Menge negatives an sich hat, so hat er doch noch ein großes Potential. Wenn sich die herrschenden Mächte nur ein wenig zurücknehmen würden, könnte die moderne Wissenschaft auch in Bereichen arbeiten, die den ärmeren Bevölkerungsschichten der Erde zugute kommen würde. Dadurch könnten sie durchaus das Elend und den Hunger auf der Erde beseitigen, denn bei optimaler Nutzung, könnten die Ressourcen der Erde, mindestens 20 Milliarden Menschen ernähren.